IRENE FERRI

IL MARKETING ETICO

Come Sviluppare Relazioni di Fiducia e Realizzare il Successo Finanziario e Personale

Titolo
IL MARKETING ETICO

Autore

Irene Ferri

Editore

Bruno Editore

Sito internet

http://www.brunoeditore.it

Tutti i diritti sono riservati a norma di legge. Nessuna parte di questo libro può essere riprodotta con alcun mezzo senza l'autorizzazione scritta dell'Autore e dell'Editore. È espressamente vietato trasmettere ad altri il presente libro, né in formato cartaceo né elettronico, né per denaro né a titolo gratuito. Le strategie riportate in questo libro sono frutto di anni di studi e specializzazioni, quindi non è garantito il raggiungimento dei medesimi risultati di crescita personale o professionale. Il lettore si assume piena responsabilità delle proprie scelte, consapevole dei rischi connessi a qualsiasi forma di esercizio. Il libro ha esclusivamente scopo formativo.

Sommario

Prefazione

di Emmanuele Macaluso

Ci sono cose che non si basano sulla logica, ma che esistono. Albergano nella banalità, strisciando tra i luoghi comuni, e costruiscono frasi che sono totem difficili da abbattere.

Uno dei luoghi comuni più diffusi, che ogni giorno qualcuno cerca di sgretolare attraverso i fatti e la divulgazione, è quello che vede l'etica e il marketing come un "duo" che non può stare nella stessa stanza. Un'idea particolarmente presente in Italia, dove le notizie sulle corruzioni e le truffe trovano forte risonanza attraverso i media e nei fatti, purtroppo.

Assume quindi il sapore dell'impresa quella di parlare di marketing etico proprio in Italia. Ed ha il gusto della follia quella che vede la creazione di un documento formale che introduca delle linee guida di natura etica nel marketing.
Il Manifesto del Marketing Etico appunto. Che nasce - e questo nessuno potrà mai togliercelo - dall'Italia.

Condividere e divulgare questi principi con i professionisti e il grande pubblico potrebbe essere un trionfo o un clamoroso insuccesso. Ma questo sarà il tempo a decretarlo. Noi possiamo fare la nostra parte e provarci.

Il mio primo contatto con Irene è avvenuto telefonicamente. Ho avuto il piacere di comunicarle il suo ingresso nella comunità scientifica del Manifesto. Di quella telefonata ricordo i toni formali e la soddisfazione nella sua voce per il riconoscimento, da parte del severo Comitato Etico Scientifico, della qualità del suo lavoro.

Purtroppo la distanza non ci ha ancora permesso di guardarci negli occhi, tuttavia, le telefonate successive per fortuna hanno avuto un tono sempre più amichevole, fino all'ultima che ci ha permesso di confrontarci e che è sfociata nella stesura di queste righe.
Mi sono sentito lusingato dalla richiesta di Irene, anche se al termine della conversazione, la soddisfazione ha lasciato il posto ad uno strano stato d'animo che univa il senso di responsabilità e la gioia di non essere più solo.

Scrivere un libro sul marketing etico non è facile. Il titolo di quello che il lettore sta per inglobare è anche impegnativo perché dona un senso di internazionalità, e quindi si predispone bene anche ad una futura traduzione, ad un possibile innalzamento dell'asticella. Tuttavia, in una giungla di libri che utilizzano la parola "etica" solo perché è un trend da cavalcare, ritengo che questa pubblicazione possa fare la differenza. C'è la sostanza tipica di qualcosa che viene costruito da chi non filosofeggia ma fa. Compie. Ci crede.

Ho apprezzato la semplicità tipica dei buoni divulgatori nel raccontare cose difficili in modo semplice. Perché in fondo è così. "Più è facile, più è difficile che qualcosa possa andare storto". In fondo fare marketing etico vuol dire mettersi nelle condizioni di fare ottimo business rispettando il "mercato", senza dimenticare che quella parola usata in modo distratto e astratto (mi riferisco a mercato), equivale alla parole "persone". Come noi. L'importanza delle relazioni, della comprensione, dei vincoli di rispetto, lealtà ed eccellenza deve affiancare una ricerca continua al miglioramento personale e professionale.

Il marketing è una scienza, in continua evoluzione ed espansione. Un tale mostro esige una dedizione totale. Il marketing, e ancor di più quello etico, non è per quelli non preparati e talentuosi. Se si riesce a guardare un po' oltre l'apparente impossibilità, e questo libro aiuta a farlo, si potrà vedere che al di là di semplici convinzioni, spesso basate sul pregiudizio privo di sostanza, c'è molto da costruire, ma si può fare la differenza. Oggi è indispensabile farla. Davvero però.

Penso che Irene abbia scritto molto bene questo libro, e abbia fatto bene a scriverlo. Così come penso che il lettore abbia fatto bene a comprarlo. Ma non basta. Ora bisogna leggerlo e apprendere. E non basta ancora. Dopo bisogna applicare nel proprio business e nella propria vita. Il sapere è solo il primo passo verso il raggiungimento degli obiettivi, però se non si cammina, si è destinati solo a guardare l'orizzonte, senza raggiungerlo. E non basta, almeno per noi. Credo sinceramente che Irene sia una delle poche persone in grado di scrivere un libro impegnativo come questo.

Emmanuele Macaluso
Esperto di marketing e autore del *Manifesto del Marketing Etico*

Questo ebook non sarebbe stato possibile senza

la pazienza dei miei genitori, Renzo e Mariarosa
le riletture fedeli e i rimbrotti di Andrea
il supporto di Emmanuele

E non sarebbe nato senza gli incontri con tutte quelle persone che credono di fare business solo con i soldi o con il potere e tolgono umanità, rispetto e correttezza alle loro scelte strategiche.

Introduzione

Questo ebook ha rappresentato una sfida. Personale e professionale.

Fin dall'idea di scriverlo, nella mia testa è stato chiaro che avrei dovuto lavorare su concetti che molti ritengono relegati ad una sfera troppo alta rispetto alla vita quotidiana. Parlo dell'approccio all'etica come atteggiamento sottostante a tutti i nostri comportamenti. Ed è successa la cosa peggiore per chi lavora con la scrittura: ho subito quello che in gergo viene definito "*il blocco dello scrittore*".

Poi, un giorno, una telefonata fiume con Emmanuele mi ha aperto gli occhi. Un sincero scambio di idee e la sostanziale concordanza dei fatti con l'esperto di marketing più eticamente impegnato in Italia mi ha aperto la strada.

"*Non può essere una rivoluzione silenziosa, dobbiamo combattere*", mi ha detto Macaluso. Così come ha affermato che quando tiene corsi e seminari sull'argomento le aule e gli spazi sono sempre strapieni. Le persone accorrono. L'argomento interessa moltissimo e l'esigenza di dare regole di comportamento è forte.

In questo ebook affronto l'argomento del Marketing 3.0. Il cosiddetto "Marketing Etico". Perché sia definito così, lo capiremo strada facendo. Ma, fidati, di tutto si tratta tranne che di filosofia. Anzi, non c'è niente di più pratico dell'etica.

Come in un bivio tra più strade, i segnali del mercato indicano una direzione precisa. Dopo anni passati ad inventare modi sempre più ingannevoli per vendere prodotti facendo leva su bisogni inventati, il cliente ha imposto l'esigenza di onestà, di pulizia, di partnership basate sulla fiducia.

È innegabile che con l'avvento dei social il cliente stia diventando un decisore sempre più consapevole.

E la stessa consapevolezza la pretende dal suo partner "azienda". Chiede all'impresa di giocare pulito, di dire come realizza il suo prodotto, di spiegare se gli ingredienti che mette nella sua crema siano allergenici. Non è più disposto a tollerare menzogne. Pena la diffusione di una cattiva reputazione che diventa inevitabilmente un boomerang per l'azienda fedifraga.

Non è più tempo per essere furbetti: il cliente gioca al tuo tavolo, ti guarda negli occhi e controlla dai segnali non verbali se stai mentendo. Anche questo glielo hanno insegnato le serie televisive (hai mai visto *Lie to me*? Ti sembrava esagerata? I microsegnali del corpo sono delle spie davvero efficaci. Facci caso.)

Bene. Ti lascio alla lettura dell'ebook. Spero che ti possa essere utile e che possa darti spunti, suggerimenti, indicazioni. Vorrei che fosse una sorta di coaching mirato alla tua formazione nell'approccio etico al settore della comunicazione. Fammi sapere se sono riuscita nell'intento.

Buona lettura!

Irene Ferri

CAPITOLO 1:
Il marketing etico

Non c'è molta differenza tra un esperto di marketing ed un contadino.

Ti sembra un'affermazione strana? Probabilmente perché nella tua testa il contadino fa un lavoro "con le mani", mentre l'esperto di marketing elabora strategie "con la testa".
Ogni professione ha la sua dignità. Tuttavia, il paragone tra i due mestieri potrebbe a prima vista sembrarti inusuale.

In realtà, c'è un elemento importantissimo che accomuna i due: la CURA.

Proprio così. La cura, intesa come «interessamento solerte e premuroso per un oggetto, che impegna sia il nostro animo sia la nostra attività» (fonte: enciclopedia Treccani) è un atteggiamento che riguarda le relazioni umane.

Eppure, troppo spesso è più facile trovare un atteggiamento di cura solo verso oggetti o animali.

Penso ad esempio all'appassionato di macchine che passa ore a lucidare il cruscotto, a far brillare i cerchioni, a strigliare a dovere le cromature del suo bolide. Quanti di noi possono dire di dedicare lo stesso tempo alle relazioni? Molti non lo fanno neppure con i parenti o gli amici. Figuriamoci con i clienti.

Il mio primo segreto vuole spingerti subito a riflettere .

SEGRETO n. 1: se vuoi essere un uomo di marketing, devi prima di tutto essere disponibile a dedicare tempo ed energia a prenderti cura delle persone.

Un marketer ha a che fare con l'animo umano. Con i suoi desideri, il suo funzionamento, i sogni e le paure. Dunque, è assolutamente indispensabile che chi voglia occuparsi di comunicazione impari prima di tutto le strategie di caring.

Per impararle, analizziamo la similitudine del contadino, poco sopra descritta, e cerchiamo di capire cosa l'uomo di marketing può imparare dall'uomo della terra.

Innanzitutto, qual è l'atteggiamento del contadino? Il contadino sa

- che deve avere **pazienza**
- che **deve lavorare tanto** prima di vedere i frutti del suo operato
- che **deve amare la terra che lavora**, proteggerla dai nemici, nutrirla con i prodotti migliori
- che **deve zappare la terra,** concimarla, lavorarla, annaffiarla
- che deve **sacrificare** le ore di sonno o le feste, perché il ciclo naturale non si ferma.

Ma il contadino sa anche che la totale abnegazione verso la sua terra gli darà i frutti migliori. Tutti siamo felici di assaporare un ottimo vino o un formaggio dal sapore pieno. Ma quasi nessuno si rende conto di quanta fatica ci sia dietro un prodotto di eccellenza, semplicemente perché la fatica non è un valore positivo.

Eppure, la fatica è la chiave del successo del contadino. Nessun prodotto di eccellenza, né Montepulciano d'Abruzzo né culatello di Modena, è mai arrivato a vette altissime senza disciplina, sacrificio e abnegazione di chi lo ha realizzato. Ci sono state la cura delle vigne, la protezione dei parassiti, la scelta del nutrimento dei maiali, la selezione dei semi. Piccoli dettagli che fanno davvero la differenza tra un risultato scadente e un capolavoro della cucina italiana.

SEGRETO n. 2: la fatica e lo spirito di sacrificio sono due elementi chiave dell'eccellenza. Non una scocciatura da scaricare ad altri.

Se vuoi lavorare nel marketing (quindi nella comunicazione legata alla vendita), sappi che la persona umana deve essere il centro della tua vita. La relazione, così tanto strombazzata sui social – luoghi in teoria eccellenti per la costruzione di rapporti, in realtà spesso sfoggio di egocentrismo e vanità senza possibilità di ascolto empatico – deve essere costruita con pazienza, disponibilità, amore.

Ti sembra difficile e poco entusiasmante? Non credi nella fondamentale capacità di negoziazione reciproca e sei convinto che la comunicazione umana consista nell'usare le parole per "fregare o essere fregato"? Allora - fammelo dire - non sei adatto a fare marketing.

Non voglio deluderti. Ma se pensi che fare marketing sia *"partecipare agli eventi"* organizzati grazie al tuo bel pass o *"scrivere un articolo*" sulle avventure sentimentali dell'ultimo personaggio di tendenza per renderlo poi testimonial (con advances più o meno esplicite) del tuo prodotto, allora, amico mio, sei sulla strada sbagliata.

Ti hanno fatto credere che il consumatore è un primitivo e che basta colmare i suoi bisogni indotti (tra i quali i più importanti riguardano elementi primari come il sesso) per vendere il tuo prodotto.

Non è così, o quantomeno non è più così. Il boom economico e il rampantismo degli anni '80, quando i consumi erano veloci e possedere era parte dello status quo, sono finiti da un pezzo.

Nei primi anni del nuovo secolo ti trovi di fronte ad un

consumatore attento, informato, esigente, che è in grado, tramite una sola recensione sbagliata, di demolire completamente la tua reputazione o il tuo prodotto. Vuoi davvero continuare a trattarlo come un essere istintivo, con bisogni che nemmeno lui conosce e che sono tutti - bene o male - legati alle pulsioni primitive?

Beh, se è davvero così, vai incontro a cocenti delusioni. Il mio intento – in questo ebook - è scardinare le idee (sbagliate) che ti sei fatto nell'approccio al marketing e mostrarti i segnali delle nuove tendenze. Ti assicuro che ogni affermazione sarà supportata da consigli ed esempi concreti. Perché l'etica è una questione pratica, più di quanto tu creda.

E qui mi fermo un attimo, per spiegarti che cosa è successo nel marketing dagli anni '50 in poi (scusami se mi dilungo, ma è davvero importante, non ti chiederei un sacrificio simile se non ci fosse dietro la necessità di farti capire come funzionano oggi le cose). Il fatto è che il marketing è davvero cambiato nel corso del tempo e lo sta ancora facendo.

E la direzione in cui sta andando adesso è precisa. Noi lo

chiamiamo il Marketing 3.0.

SEGRETO n. 3: gli anni del consumismo sfrenato sono finiti e il marketing sta prendendo strade insospettabili fino a qualche anno fa.

Breve storia del marketing

C'era una volta il Marketing 1.0. Nato durante l'era industriale, attorno agli anni '50-'60, aveva il compito di vendere i prodotti usciti dalle fabbriche. Stiamo parlando di *marketing mix* prima e successivamente della teoria delle *quattro P (*product, prize, promotion, placement*)*, concetti che sono stati il cardine della vendita per moltissimi anni (e che ancora adesso conservano una relativa validità).

Fig. 1 *Le 4 p del Marketing Mix. Fonte: www.thebattleforbusiness.com*

All'inizio, quindi, il marketing era né più né meno che una funzione a supporto della produzione. L'economia era florida. La gestione del prodotto era il compito principale delle aziende.

Alla fine degli anni '70, la crisi del petrolio determinò un clima di incertezza. La produzione venne spostata nei paesi orientali e la domanda si fece più scarsa. A mettere in difficoltà gli uomini di marketing era il fatto che i consumatori erano diventati più prudenti: distinguevano in modo preciso l'essenziale dal superfluo. Non era semplice riuscire a escogitare nuovi metodi per far "digerire" al mercato i beni *commodities*. C'era bisogno di nuovi espedienti.

Venne così spostata la centralità del focus: dal “prodotto” al “cliente”. Ecco nascere quindi i concetti di *targettizzazione*, *segmentazione del mercato, customer management*. Nasce il Marketing 2.0, il marketing moderno, quello che ci fa credere in una visione “clientocentrica”.

Per stimolare il comportamento d’acquisto, era necessario ricorrere a tattiche e strategie precise, alcune delle quali prevedevano la creazione di bisogni inconsci rispetto a beni e prodotti. Si scelse il marketing emozionale, partendo dal principio che il 95% delle decisioni d’acquisto vengono prese a livello inconscio. In diversi casi assistiamo ad una reale persuasione occulta, basata sui principi ipnotici di interventi a livello subliminale.

La creazione dei falsi bisogni prevede di lavorare su leve quali

- la paura,
- la sessualità,
- l’esclusione dal gruppo,
- l’acquisizione o meno dello status sociale.

Il prodotto non viene esaltato per le sue caratteristiche intrinseche (altezza, peso, utilità...), ma incarna la metafora di almeno un **bisogno chiave** presente nello spirito umano inconscio.

Tutto questo in risposta all'esigenza – da parte delle aziende – di vendere di più, sempre di più, beni assolutamente non necessari.

SEGRETO n. 4. Per aumentare e incentivare le vendite, spesso si è fatto leva su bisogni indotti o su insicurezze umane per determinare squilibri e desideri.

In quegli anni, la corsa del marketing era tesa a entrare nell'intimo delle debolezze umane, delle insicurezze, delle regole di reciprocità per sfruttarle e mettere l'interlocutore in posizione di sottomissione verbale e psicologica, sfruttando il canale dell'inconscio. Creando infatti un disequilibrio di potere, il *persuasore* (ruolo che gli esperti di marketing hanno assunto per tutti gli anni della pubblicità in tv) inseriva nella mente messaggi precisi.

Colori, odori, posizionamento del prodotto nello scaffale,

packaging, caratteri di stampa: ecco alcuni degli elementi che venivano esaltati per stimolare l'attrazione verso il prodotto e, di conseguenza, la vendita.

Tutti messaggi subliminali, che fanno parte di un processo di acquisto *"a caldo"*: usando la ragione, infatti, chiunque direbbe che quel tizio in camice visto in tv ed entusiasta dell'ultimo dentifricio non è davvero un medico.
Eppure, l'animo umano obbedisce ad un principio di autorevolezza: nel ricreato contesto, il tizio in camice è un medico. Quindi, in quel momento, sta suggerendo un prodotto valido. È la *tecnica del testimonial*, a lungo adottata (con successo) nella pubblicità degli anni '90.

SEGRETO n. 5: i principi e le tecniche della persuasione hanno per lungo tempo dominato la scena pubblicitaria degli ultimi anni del secolo scorso.

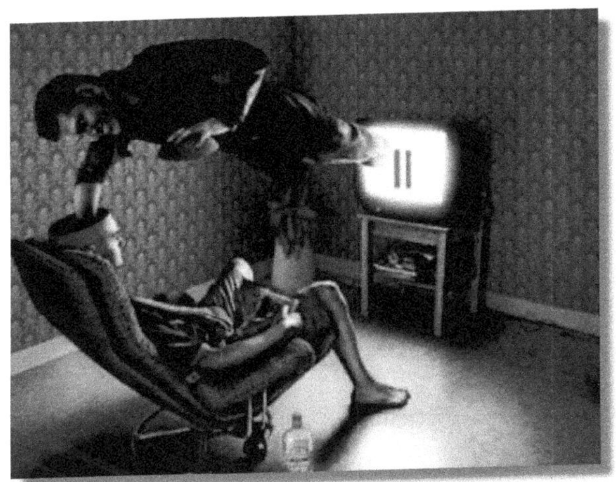

Fig.2 *La manipolazione della tv. Fonte: www.sanatzione.eu*

Guarda l'immagine sopra: è davvero **inquietante**, non trovi? Sono sicura che non diresti mai di essere proprio tu in questa condizione. Ti stai solo rilassando, guardi un po' di tv. Che male c'è?

Nessuno, se non fosse che quello che tu chiami relax, per qualcun altro è un grosso **momento di potere**. Sei supino, inerme, slacciato, le tue difese razionali sono al minimo. Dopo 8 ore di lavoro, hai solo voglia di svuotare il cervello.

Bene. Fatti un pisolino, piuttosto che stare davanti alla tv. Perché è proprio in quel momento che vieni esposto a **messaggi che lavorano nel tuo inconscio.** Qualcuno viene sopra di te e ti fruga nel cervello. Ti rimescola. Prende il tuo inconscio e vi colloca messaggi che andranno a colpire le tue debolezze.

Perché tante pubblicità utilizzano il **sesso**? Proprio per le ragioni esposte. Il sesso è una pulsione che risiede nell'uomo. Quando viene liberata, sfugge al controllo razionale e dirige il comportamento.

Pensiamo che la nostra **corteccia cerebrale**, essendo così ben sviluppata e ricca di connessioni e di sinapsi, sia in grado di dominare il mondo. Senza nemmeno sospettare che il **sistema limbico**, così piccolo e nascosto, sia il vero centro di controllo.

Le pulsioni della fame, della sete, del sonno, del sesso, sono a tutt'oggi un motore potente per il nostro funzionamento. Prova a subire il ricatto di non poter mangiare o di essere privato della possibilità di bere. Provi panico. Non è vero?

Il **richiamo sessuale**, nella pubblicità, è una fortissima leva di persuasione. Il sesso è uscito dall'intimità ed è entrato nella socialità. E così da fatto privato è diventato **argomento di dibattito pubblico**: sei da ammirare se fai tanto sesso, con più partner, in maniera trasgressiva e fantasiosa. Questo è un **messaggio costruito**, che i persuasori hanno voluto immettere nel circuito neurale per controllare il tuo comportamento e per aumentare l'efficacia dei messaggi legati alla sfera sessuale.

Fig. 3 *Messaggio sessuale in un fumetto. Fonte: www.centrosangiorgio.com/*

E se tu pensi di vivere una sessualità libera solo perché la pratichi con molti partner, sei caduto in pieno nella trappola che ti hanno

teso. La sessualità, ripeto, è un atto privato. E non sto entrando nella morale: è così perché lo è per natura, per la conformazione stessa degli apparati deputati alla funzione.
Ma manipolare, in questo caso, è stato facile.

SEGRETO n. 6: tutto ciò che viene controllato dal sistema limbico è stato oggetto di manipolazione. È molto più efficace controllare una pulsione: la razionalità ha filtri propri, la pulsione, essendo puro istinto, no.

Altre leve che sono state utilizzate, questa volta per colpire l'attitudine sociale, sono la paura

- di rimanere solo;
- di essere emarginato;
- di essere ostracizzato;
- di essere giudicato matto.

Sono impulsi potenti e di sicuro effetto, perché inducono la paura di rimanere senza un network di riferimento (dentro il quale essere riconosciuto e sul quale costruire il proprio valore). Su di essi è stata costruita molta della comunicazione persuasiva.

Facciamo un esempio visuale, così ci capiamo meglio.

There's iPhone.
And then there's everything else.

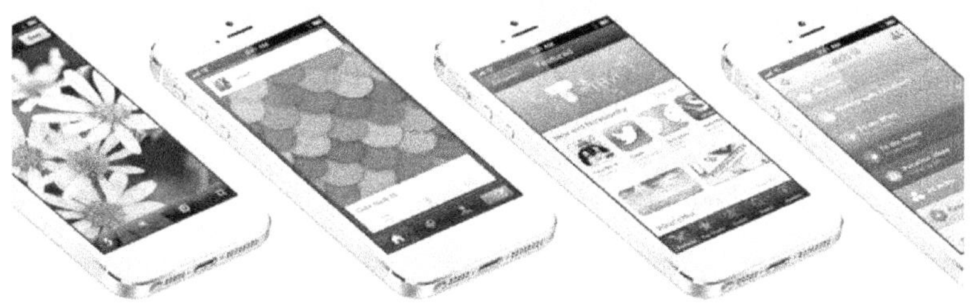

***Fig.4**: pubblicità dell'i-Phone. Fonte: Apple*

In questo spot, la Apple non solo punta a posizionarsi come un'azienda top ma gioca sull'esclusione. Da una parte c'è l'iPhone, dall'altra il mondo. Il gap è sottolineato tramite l'uso di un indiscriminato *"tutto il resto"*, a significare *"c'è la massa senza personalità, senza identità"*. Vuoi assumere importanza e valore? Devi avere l'iPhone.

E così, un oggetto nato per telefonare, navigare sul web, condividere immagini e file diventa una prova di iniziazione: averlo, anche per il costo proibitivo, costituisce senza meno un *plus* e definisce uno status sociale che differisce, per valore ed importanza, dalla "massa".

Penso di averti dato un'idea di come si comporta un marketer *manipolatorio.* Senza che tu ti renda conto. Anzi, il sistema è talmente radicato e accettato inconsapevolmente che i messaggi che lo contraddicono sono vissuti come strani e non interessanti.

SEGRETO n. 7: la manipolazione si attua attraverso leve interiori che si appoggiano su paure ancestrali e pulsioni primitive presenti nell'animo umano.

Lo stesso messaggio dell'esistenza di un comportamento etico a livello di marketing provoca inconsapevolmente delle resistenze.

A cosa associamo di solito la parola *etica*? Alla filosofia, alla morale, al pensiero. Tutti settori che toccano la sfera della mente e che nell'immaginario collettivo non hanno rilevanza "pratica".

Eppure non è così. E ti spiego perché.

La prendo un po' alla lontana, ma mi serve perché tu mi segua.

Sicuramente hai un profilo social: su Facebook, su Twitter, su Linkedin, su Google+. E ti sarà capitato di vedere che anche le aziende – piccole o grosse – curano sempre meglio la loro presenza sui social. I loro marketer hanno detto loro che è importante. Ti sei chiesto perché?

L'avvento dei social ha completamente cambiato il rapporto che l'azienda ha con il suo consumatore.

Il rapporto si è fatto diretto, informale, senza filtri. Il cliente si è abituato a pensare: il prodotto non mi ha soddisfatto? Lo scrivo sulla pagina Facebook dell'azienda, senza misure. L'azienda, dal canto suo, non può ignorare né rimuovere il commento. Deve farci i conti. Quello che è stato scritto sta lì, al pubblico ludibrio, visibile da chiunque, cliente o prospect.

Il lettore, tramite le recensioni altrui, si fa un'idea: come l'azienda risponde, in quanto tempo, se risolve il problema, se è cortese, in che modo tratta il suo cliente.
Cerca notizie, informazioni, reclami, e non si fida più degli "slogan" (che spesso non dicono la verità).

Cerca recensioni di persone vere, clienti che hanno già avuto a che fare con il prodotto o il servizio. Ecco un esempio tipico di ricerca della reputazione sui social.

Laura XXXXX: Amici cosa ne pensate dei prodotti del Dottor YYYYY?

Molte aziende, almeno quelle più strutturate, hanno già trasferito parte della loro customer care sui social e affidano la customer satisfaction proprio a questo canale così immediato. Da qui la nascita di una figura professionale, il social media manager, che oltre a relazionarsi ed interagire con il cliente (ed avere doti di empatia, negoziazione, *savoir faire*) deve produrre anche contenuti in linea con la mission aziendale e con le necessità dei clienti.

I clienti, a loro volta, esprimono in prima persona e senza filtri il gradimento degli interventi, innescando così un circolo virtuoso, che permette all'azienda di costruire la relazione con i suoi acquirenti e viceversa.

Fig.5: *la nuova banca "Hello bank!" Fonte: BNL*

L'esempio riportato in figura è il modello rappresentato da BNL. In questa nuova prospettiva, le idee delle persone sono al centro. I prospect sono miratamente definiti *makers*, cioè *coloro che fanno*. La banca diventa un'entità definita solo insieme ai suoi investitori. Si è data l'obiettivo di ascoltarli e vuole farlo sapere. Per questo diventa social, mobile, interattiva. Costruisce se stessa con la collaborazione dei suoi clienti.

Hai già probabilmente intuito cosa sia l'etica in questo contesto. Quindi, ti sarà chiaro cosa è cambiato: il consumatore è sempre più coinvolto nel processo di progettazione di un prodotto, di scelta di strategie. È un partner attivo del processo. Non solo condivide i prodotti e i servizi aziendali, ma ne sposa i valori, gli obiettivi, lo stile di vita proposto.

Ed è proprio questo il punto: essendo un decisore attivo e consapevole, il consumatore non è più disposto a lasciarsi "convincere" o "manipolare" con belle parole e slogan.

Per l'efficacia del processo di costruzione del brand, si deve creare la fiducia necessaria che esiste tra due partner attivi e paritari, l'uno deputato alla produzione, l'altro alla fruizione, con gli stessi scopi ed obiettivi: migliorare la propria vita.

Si parla di co-creazione quando si considera il nuovo modello di ricerca e sviluppo: io, brand, ascolto i miei consumatori e anticipo le tendenze che leggo nei loro feedback. Non ho bisogno di indurre un bisogno, ma solo di analizzare e colmarne qualcuno già esistente.

Con piena soddisfazione di entrambi e con la costruzione di una relazione di fiducia che diventa solida nel tempo e capace di far crescere sia l'azienda che il consumatore, chiamato ad essere sempre più al centro come protagonista.

Il cliente è al centro e parlare con lui significa essere chiari, trasparenti, onesti sugli obiettivi. Pena la perdita della reputazione globale.

SEGRETO n. 8: assumere un atteggiamento etico, per un'azienda, vuol dire rimanere in ascolto dei suoi clienti e costruire insieme a loro la propria identità, la propria mission, i propri obiettivi.

RIEPILOGO DEL CAPITOLO 1:

- SEGRETO n. 1. Se vuoi essere un uomo di marketing, devi prima di tutto essere disponibile a dedicare tempo ed energia a prenderti cura delle persone.
- SEGRETO n. 2: la fatica e lo spirito di sacrificio sono due elementi chiave dell'eccellenza. Non una scocciatura da scaricare ad altri.
- SEGRETO n. 3: Gli anni del consumismo sfrenato sono finiti e il marketing sta prendendo strade insospettabili fino a qualche anno fa.
- SEGRETO n. 4: Per aumentare e incentivare le vendite, spesso si è fatto leva su bisogni indotti o su insicurezze umane per determinare squilibri e desideri.
- SEGRETO n. 5: I principi e le tecniche della persuasione hanno per lungo tempo dominato la scena pubblicitaria degli ultimi anni del secolo scorso.
- SEGRETO n. 6: Tutto ciò che viene controllato dal sistema limbico è stato oggetto di manipolazione. È molto più efficace controllare una pulsione: la razionalità ha filtri propri, la pulsione, essendo puro istinto, no.
- SEGRETO n. 7: La manipolazione si attua attraverso leve

interiori che si appoggiano sulle paure ancestrali presenti nell'animo umano e su alcune pulsioni primitive.

- SEGRETO n. 8: Assumere un atteggiamento etico, per un'azienda, vuol dire rimanere in ascolto dei suoi clienti e costruire insieme a loro la propria identità, la propria mission, i propri obiettivi.

CAPITOLO 2:
Come comunicare per costruire una relazione etica

Ama il prossimo tuo come te stesso.

La storia di Roberto, imprenditore per passione

Voglio raccontarti una storia. Che è vera. Tutti i dettagli di questa storia sono vivi e vissuti, tranne il nome della persona.

Chiameremo il protagonista della storia Roberto. Chi è Roberto? È un ragazzo che si rivolge a me per un coaching: vuole aprire un business on line.

Che cosa ha scelto per partire? La sua passione: ama il vino. Negli anni ha continuato a studiare, sperimentare, aggiornarsi costantemente. Ha frequentato un corso di sommelier ed ha lavorato come consulente in ristoranti e strutture ricettive.

Gli chiedo cosa sia per lui il vino e le sue parole sono quelle che si dedicano a un'amante. Definisce il suo amore per questo prodotto *"un sentimento primitivo, ancestrale, basato sui sensi"*.

È un'emozione viscerale, che gli entra nella mente e nel cuore e che lo fa vivere soltanto per provare quel brivido conosciuto durante la scoperta di un nuovo dettaglio del vino, come fosse un nuovo neo scoperto sul corpo della sua amata.

Conosci questa sensazione? Allora hai una passione nella tua vita.

Quello che Roberto dice, nel descrivere un'esperienza di degustazione, è che *"ognuno di noi è in grado di riconoscere un buon vino senza frequentare alcun corso, in maniera istintiva, ascoltando i sensi e aprendo la mente*". Proprio come un'ape riconosce il fiore dove pescare il polline.

Dopo molti anni di lavoro in varie realtà, Roberto decide che è il momento di aprire un'attività solo sua. E lo fa aprendo un sito, attraverso il quale offrire le sue competenze, la sua passione ed il suo *know-how*.

Confida nel fatto che il web lo possa aiutare a raggiungere un pubblico vasto e competente, del quale diventare il capofila ed il riferimento. Fa grandi sogni, anche se non ha ben chiaro il percorso da seguire per attivare le sue mete ambiziose e non ha elaborato strategie, se non quelle delle sue emozioni. Ed è qui che rischia di cadere facile preda dell'ambizione dei volumi di vendita e di giocare male le sue carte.

Perché ho voluto parlarti di Roberto? Perché Roberto è l'esempio di una persona appassionata di un mondo che decide di scommettere su di esso, anche finanziariamente. In un momento storico di grande incertezza lavorativa, sono sempre di più le persone che fanno il grande salto e aprono una *startup* puntando su ciò che amano (e che sanno) fare.

Non tutte, purtroppo, hanno successo. La ragione principale è fondamentalmente una: l'incapacità di costruire una relazione di fiducia con il cliente. Diventare imprenditori non è trasformarsi in esperti di marketing.

Se anche tu stai pensando di fare un passo del genere, metti una mano sul cuore e sulla coscienza e fatti alcune domande.

- So come funziona l'arte della vendita (il marketing)?
- Sono consapevole che commercializzare un prodotto o un servizio prevede impegno, chiarezza di intenti e trasparenza?
- Voglio acquisire clienti con i quali stabilire delle relazioni durature o solamente piazzare una vendita?

La passione è un ottimo punto di partenza. Ti rende motivato, pieno di energia, determinato. Ma poi, devi ricordare che, come imprenditore e come persona, hai delle responsabilità. Verso il tuo business e verso i tuoi clienti.

Proprio come se ne devono ricordare le major e le multinazionali. Perché quando vendi, sei tu a farlo, con la tua anima, il tuo cuore e la tua reputazione. E se imbrogli si vede. Letteralmente.

SEGRETO n. 9: sempre più persone decidono di mettersi alla prova e diventare imprenditori. Occorre ricordare di avere alcune responsabilità e di dover creare una relazione di fiducia.

L'importanza delle parole nella comunicazione

Scrivere e parlare sono la forma di comunicazione propria dell'uomo, l'unico essere vivente in grado di creare ed utilizzare parole. Quale altro animale comunica? Sicuramente tutti, in vari modi. Ma le parole sono una prerogativa umana. Le parole non solo aiutano a costruire dei ponti con gli altri, ma creano anche relazioni e fiducia.

Non sei convinto? Ti hanno insegnato a interpretare solo i segnali del corpo?

Come forse saprai, la comunicazione comprende:

- segnali verbali;
- segnali non verbali;
- segnali paraverbali.

La figura sotto ti dice qual è il peso dei tre elementi. Tutti insieme determinano l'efficacia della tua comunicazione. La congruenza nell'espressione (cioè dire la stessa cosa con i tre tipi di segnali) viene dalla sostanziale concordanza di gesti e parole.

Ed è quello che determina la fiducia.

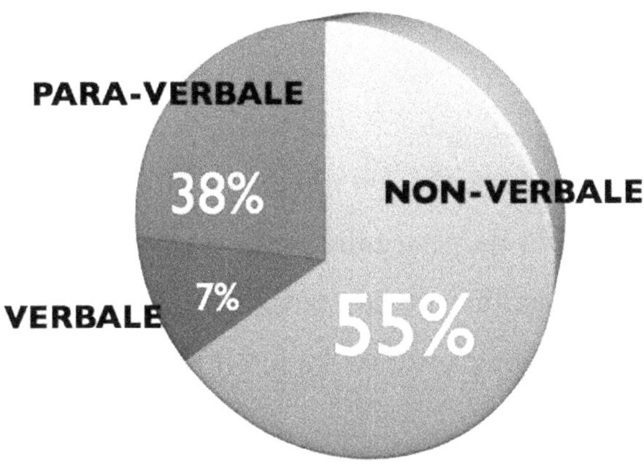

Fig.6: gli elementi della comunicazione. Fonte: Avallone Fabiana

È verissimo: verità e bugia si esprimono con la coerenza dei gesti e delle espressioni. È pur vero che anche le parole mantengono il loro peso. Cominceremo da queste, mentre nel prossimo capitolo approfondiremo anche l'aspetto non verbale (quindi atteggiamenti e comportamenti).

Partiamo, per esempio, dalla definizione del significato della parola *vendere*. Cosa significa per te? Sei convinto che un venditore sia sostanzialmente un ciarlatano che nella vita vuole truffare gli altri? Ecco la prova del fatto che sei stato manipolato. Perché il concetto di manipolazione è dentro di te, è addirittura la prima cosa cui pensi quando ragioni su concetti come *negoziazione* o *trattativa*!

Nel campo delle vendite, instaurare un clima di affidabilità e di onestà è il primo obiettivo da perseguire. Vedi quanto è pratica l'etica? La vendita è prima di tutto contrattazione, ricerca di un accordo, stabilirsi di una comunicazione. Fattori primari in tutte le relazioni.

Se non usi le parole giuste, dai origine a fraintendimenti - che sono poi la base della distruzione di ogni rapporto. Insisto su questo punto. Le parole sono curative, ma molto più sono preventive, nel senso che, se scelte e usate bene, costruiscono ponti. Se utilizzate male, ti tolgono la terra sotto i piedi, spezzano rapporti, creano tensioni.

Scegliere le parole è un'arte che richiede studio, abnegazione, passione per le sfumature che puoi esprimere in differenti contesti. Ad usare la parola giusta si arriva, con una buona guida e tanto esercizio. Se vuoi cominciare a capire, prendi in mano un buon libro e leggi! Il resto arriva con il tempo.

SEGRETO n. 10: le parole sono fondamentali nella comunicazione: scelte correttamente, aiutano a costruire la relazione.

Come costruire una buona reputazione

La reputazione è l'elemento fondamentale per la costruzione della fiducia. Oltre al nostro modo di porci nel preciso momento della relazione, chi interagisce con noi subisce anche l'influenza del *"sentito dire"*.

Chi gode di un'ottima reputazione e ha fama di essere una persona onesta, leale, affidabile, riuscirà tendenzialmente a costruire relazioni di qualità migliore. Per il principio della coerenza nei comportamenti e negli atteggiamenti.

La reputazione è una di quelle cose che non ha compravendita né negoziazione: viene costruita nel tempo, nel rapporto, nelle interazioni. Mettiamo che tu voglia fare il medico. Hai presente quando le signore parlano del dottore? Cosa dicono? Se le ascolta, se le visita, se fa loro fare gli esami, se le considera… in poche parole, se si prende cura di loro.

La realizzazione della vendita è l'ultimo step di un più ampio percorso fatto di credibilità e reputazione. Queste ultime sono gli ingredienti necessari a creare la relazione di fiducia che si instaura in una trattativa.

L'etica si sente. La credibilità ha un volto. In tutti i settori vigono leggi di cortesia, apertura, sincerità. Il prodotto (sia esso un bene, un servizio, un brand, un'idea) raggiunge la celebrità non tramite strade di puro chiacchericcio o *buzz*. La credibilità, intesa come buona reputazione, è virale.

SEGRETO n. 11: la reputazione crea la fiducia e aiuta a costruire una relazione stabile e basata sulla reciprocità.

Come costruire la propria credibilità

Dò per assunto l'idea che chi propone i propri prodotti o servizi sia per se stesso un fornitore con caratteristiche professionali o personali etiche, cioè dichiarate negli intenti e negli obiettivi e utili al progresso ed al cambiamento positivo. Definiamo quindi 5 regole per costruire la propria reputazione .

1. *Sii aperto alla relazione.* L'interesse genuino per la realtà altrui è l'atteggiamento fondamentale. Non essere autoreferenziale: il cliente è il tuo centro. Studia il tuo target, ciò che gli piace fare, cosa ama, con chi passa la domenica pomeriggio.
2. *Sii affidabile e di parola.* Inutile promettere miracoli o "gonfiare" le informazioni: è controproducente. Mantieni quello che prometti e sii sempre reperibile. Dai feedback a chi ti cerca. Ci sono ovunque prodotti come i tuoi: devi cercare di spiegare la qualità di ciò che proponi. La metodica del *"io e nessun altro ti può svelare il segreto per"* è una tecnica di persuasione ingannevole che lascia il tempo che trova. E che, alla lunga, ti crea una reputazione negativa.
3. *Dì la verità.* Sempre. Usa parole che brillano, positive, entusiasmanti. Crea energia e falla circolare. Sii unico, nel modo in cui tu sai esserlo.
4. *Sottolinea i vantaggi.* Non è un disonore parlare di fatti positivi legati alla propria realtà e di problemi risolti. Si presuppone che quando ti metti in vetrina, tu conosca bene i tuoi punti di forza e le aree critiche. Sottolinea i primi con parole positive ed emotive.
5. *Fornisci un ottimo post vendita.* Sii pronto a fornire spiegazioni

sui tuoi prodotti e cerca di essere esaustivo. Cerca il social network che più ti rappresenta e attraverso quello stringi la relazione con i tuoi clienti. Previeni le domande, in modo che il tuo interlocutore non sia costretto a farti per primo la prossima.

Gioca d'anticipo, sii chiaro, sii esaustivo. Fornisci dati, esperienze, episodi verificabili. Se vedi il tuo interlocutore come uno specchio nel quale riflettere solo te stesso, hai già perso in partenza. L'egocentrismo e l'autoreferenzialità non pagano.

Devi pensare alle parole che utilizzi come un abito con il quale vestire te stesso, il tuo prodotto o il tuo servizio. Come vuoi che sia questo abito? Elegante? Informale? Casual? Disordinato? La scelta sta a te.

SEGRETO n. 12: sii chiaro, esaustivo e fornisci dati che possano essere verificati da tutti.

La comunicazione efficace crea l'atteggiamento etico

Come possiamo quindi definire una comunicazione in grado di produrre continuamente valore e fiducia? Siamo tanto più efficaci quanto più riusciamo a utilizzare parole di *valore*. Parole che diano importanza, che creino ponti. Che dimostrino cura, attenzione, rispetto.

1. Il cervello funziona per associazioni: ogni parola è connessa ad un concetto. Se crei un'immagine, il cervello crea un legame con il concetto espresso e ne favorisce la comprensione e la memorizzazione.
2. Le immagini curiose e vivaci, descritte fino nei dettagli, sono le più efficaci.
3. Parlare in modo coerente con i propri principi è l'arma più efficace. I principi sono archetipi: sono uguali per tutti gli uomini. Cos'è un archetipo? «Nel pensiero dello psichiatra e psicologo svizzero C. G. Jung (1875-1961), immagine primordiale contenuta nell'inconscio collettivo, la quale riunisce le esperienze della specie umana e della vita animale che la precedette, costituendo gli elementi simbolici delle favole, delle leggende e dei sogni». (Fonte: enciclopedia Treccani)

L'inconscio collettivo riconosce il valore dell'essere in gruppo, della solidarietà, della collaborazione. Se nel profondo sei convinto che siano questi i valori che ti guidano – e non il persuadere qualcuno a fare qualcosa per il tuo solo interesse – la comunicazione si realizza. È la congruenza tra ciò che dici e ciò che credi a convincere, meglio della tua stessa convinzione.

Quali emozioni comunicare per comunicare in modo etico?
Comunica gioia di vivere, entusiasmo per quello che fai, iniziativa propositiva. Ti sembra un atteggiamento *ingenuo*? Sappi che l'apertura mentale e la passione sono i comportamenti giusti per affrontare una relazione di fiducia. Meglio sembrare ingenui che provare di avere qualcosa da nascondere.

In fondo, se ci pensi, l'ottimismo è ingenuo. Perché sterilizza i mali della vita. Ed è anche quello che permette le relazioni, gli scenari, la progettazione di cose future. Dunque, perché non dovrebbe funzionare anche nelle vendite?

Il marketing prevede la costruzione di una relazione etica, di caratteristica *win-win*, dove cioè entrambi gli attori traggono la massima soddisfazione reciproca.

Il venditore che "gioca sporco" e bada al suo interesse non ha vantaggi. Anzi, deve stare attento. Perché può anche "piazzare" una vendita, ma se gestisce male una sola delle fasi che la relazione attraversa e non dà sempre il massimo ne avrà come contropartita la compromissione della sua reputazione. E quindi, la fine della sua carriera come marketer.

Prova a parlare guardandoti allo specchio. Se pronunciando alcune parole accenni spontaneamente ad un sorriso, sollevi il mento, lo sguardo e il tono, stai usando una parola con effetto positivo.

Prova con queste:

- *Si – No*
- *Aumentare – Diminuire*
- *Su – giù*

Quale parola della coppia proposta ti ha fatto sentire bene mentre la pronunciavi? Cerca di introdurre nel tuo vocabolario un uso più frequente di quella parola. L'effetto di miglioramento è assicurato.

Esaurisco il capitolo con una citazione, presa da un autore che esplora il mondo delle energie, per sottolineare come la vibrazione stessa delle parole aiuti a muovere le forze in maniera positiva.

«La parola è un tipo di energia ancora più potente del pensiero, perché è pensiero, con in più l'energia del suono; è importante quindi prestare attenzione non solo ai pensieri che provengono dal nostro programma, dal nostro modo di pensare, ma anche al nostro modo di esprimerci (eliminando quelle parole e frasi fatte che usiamo automaticamente durante la giornata) fa sì che emaniamo un'energia debole, imprecisa o dannosa al nostro benessere mentale». (Rinaldo Lampis, L*'uso cosciente delle energie*)

SEGRETO n. 13: comunicare passione, gioia di vivere, usando parole positive, aiuta a coltivare una comunicazione etica ed efficace.

RIEPILOGO DEL CAPITOLO 2:

- SEGRETO n. 9: Sempre più persone decidono di mettersi alla prova e diventare imprenditori. Occorre ricordare di avere alcune responsabilità e di dover creare una relazione di fiducia.
- SEGRETO n. 10: Le parole sono fondamentali nella comunicazione: scelte correttamente, aiutano a costruire la relazione.
- SEGRETO n. 11: La reputazione crea la fiducia e aiuta a costruire una relazione stabile e basata sulla reciprocità.
- SEGRETO n. 12: Sii chiaro, esaustivo e fornisci dati che possano essere verificati da tutti.
- SEGRETO n. 13: Comunicare passione, gioia di vivere, usando parole positive, aiuta a coltivare una comunicazione etica ed efficace.

CAPITOLO 3:
I principi del marketing etico

Dimmelo e lo dimenticherò;
mostramelo e forse lo ricorderò;
coinvolgimi e capirò.
Proverbio cinese

I 5 modi per essere un professionista etico

Le parole sono un ottimo mezzo per creare fiducia. Abbiamo visto nel precedente capitolo come poterle usare. In questo capitolo parliamo invece di atteggiamenti e di comportamenti. Esploriamo i principi che stanno alla base dell'etica. Stai tranquillo, faremo molti esempi e capiremo insieme come si stanno muovendo le realtà imprenditoriali di questi tempi.

Esistono delle regole e delle strategie precise da seguire per chi voglia intraprendere una carriera nel marketing e porsi in modo etico.

Ama i tuoi clienti e rispetta i tuoi concorrenti

Ricordati che il vero proprietario della tua attività, del tuo brand, della tua marca è il tuo cliente. Non devi solo conoscere il tuo cliente, studiarlo, segmentarlo: devi provare un sincero e genuino sentimento di condivisione, appartenenza reciproca, rispetto.

Tra voi c'è una partnership assolutamente paritaria. Nessun rapporto *top-down*, nessun intento nascosto.

Per quanto riguarda i tuoi concorrenti, fai network anche con loro. Un rapporto di concorrenza può diventare collaborazione. Ognuno dei due "avversari" ha caratteristiche che lo identificano come brand. Non è insolito vedere professionisti dello stesso campo che escono a cena insieme o collaborano. Ragiona con la logica di progetto e adotta strategie che ti permettano di non essere un'isola.

SEGRETO n. 14: tu (azienda) e il tuo cliente siete partner e tra voi c'è un rapporto di parità e di collaborazione.

Sii chiaro circa la tua identità, i tuoi obiettivi, le tue strategie

Il professionista etico si riconosce dal fatto che non ha bisogno di tenere nascoste le sue strategie, i risultati, il budget, i ricavi. Un uomo di marketing è ingaggiato per fornire risultati, non per la sua fama o l'etichetta di guru (che spesso si è autoassegnato).

Uno dei principi del Manifesto del Marketing Etico dice proprio questo: il professionista deve fornire dati reali, riscontrabili dal committente e dal mercato stesso. Lo stesso Macaluso ha svelato le sue strategie fornendo un documento in chiaro, liberamente scaricabile dal sito, per il lancio del film-documento "La rivelazione" (che, insieme al Manifesto del Marketing Etico è stata l'ispirazione per scrivere questo ebook).

SEGRETO n. 15: la chiarezza genera senso di fiducia. Aiuta a istituire la partnership perché dimostra che non ci sono muri né atteggiamenti nascosti, "fregature".

Sii sempre disponibile

Fornisci coordinate dove tu – come professionista – sei reperibile (il più possibile), per creare fiducia.

Un sito, una mail, un numero di telefono, un social: chi ti contatta deve rendersi conto che la tua attenzione è reale. Fornire riferimenti vuol dire creare una sorta di ancoraggio alla realtà, perché le informazioni reali sono verificabili. In questo modo si crea fiducia.

Se pensi che sia una “scocciatura” e un “disturbo” essere contattato da partner o da clienti, non sei adatto a professioni che siano legate alla comunicazione. Perché è questo che fa un comunicatore o un uomo di marketing: stare connesso, in relazione. Fare network.

Fornisci assistenza fin dal primo contatto. Gli step che vengono dopo sono quelli che costruiscono relazioni durature. La tua disponibilità è un punto a tuo favore.

SEGRETO n. 16: fornisci dati reali, verificabili. Dai assistenza costante.

Creati una clientela e mantieni con lei buone relazioni

widiba

Guarda cosa fa  .

Come già ti ho detto, le banche hanno capito che è fondamentale ascoltare e coinvolgere il cliente nella definizione dei propri obiettivi e della propria identità.

Ecco perché nascono sempre più piattaforme on line, gestibili anche tramite app da smartphone o tablet, che permettono agli utenti di esprimere le proprie opinioni, dare idee, relazionarsi con la banca stessa. Sono delle piazze virtuali che permettono di raccogliere e fornire dati preziosi per il monitoraggio della reputazione on line.

Le aziende più grosse lo hanno capito: nel marketing 3.0, la conversazione è la nuova pubblicità. La storia di un'attività è priva di significato e di vita se i consumatori non ne parlano. Lo scambio di opinioni su un prodotto ne determina il successo o l'insuccesso.

Ricordati che il tuo business è un servizio

Proprio così: è una missione. Ti riporto le parole che Jeffrey Gitomer, uno dei migliori trainer al mondo su tecniche ed abilità di vendita, riporta all'inizio della sua *Bibbia delle vendite* (materiale scaricabile gratuitamente dal sito di Bruno Editore). Poi dimmi che impressione ti fa.

"Lei è il mio nuovo cliente. Grazie, per il suo acquisto. Apprezzo il suo supporto e la sua collaborazione.
Con ogni cliente che servo mediante la mia attività di consulenza, i miei impegni come oratore, il volontariato e attraverso la rubrica Le mosse del venditore e il libro La Bibbia delle Vendite, ho tre obiettivi in mente:
1)Aiutare le persone
2) Instaurare relazioni a lungo termine
3) Divertirmi
L'obiettivo che mi sono prefisso scrivendo questo libro è stato quello di risultarle talmente utile da non potere fare a meno di consigliarne l'acquisto a una decina di suoi amici e collaboratori.

Mi faccia gentilmente sapere se ho raggiunto lo scopo.
Grazie a lei e a tutti i miei stimati clienti, ho l'opportunità di fare ciò che amo fare: vendere, scrivere, parlare e insegnare.
Grazie!"

Come ti sembra? Entusiasta, impegnato, affidabile, umile quel tanto che basta da saper mettersi sullo stesso livello del cliente e al suo servizio? Ecco. Hai colto l'essenza. L'umiltà non è un disvalore. Anzi. Troppi esperti vanno in giro gonfi come pavoni a fare danni di comunicazione e a distruggere imprenditore e aziende promettenti. Quel pizzico di umiltà che ti serve a non sentirti mai "*arrivato*", ma sempre "*al servizio*", ti aiuterà a stabilire i giusti equilibri e a consolidare la tua posizione di comunicatore al servizio della vendita.

SEGRETO n. 17: l'umiltà al punto giusto da essere sempre al servizio, a livello paritario, è garanzia di qualità e crea fiducia.

Come creare una cultura etica

I professionisti sono chiamati a modificare il proprio

atteggiamento e ad accettare una nuova sfida: quella dell'andare incontro al proprio cliente e accettare di negoziare con lui i contenuti della propria attività. Ognuno con le proprie competenze: l'uno da esperto del settore, l'altro da consumatore attento, informato, pensante.

È nato un nuovo rispetto, che prelude a un'epoca dove tutti quanti siamo attori e protagonisti di vita, consumi, relazioni, scambi. Gli influencer possiamo essere tutti noi quando siamo creativi, abbiamo idee nuove, sappiamo trasformare la realtà secondo i nostri desideri, come parte integrante e definita di un network di relazioni.

Gli ultimi anni del consumismo ci hanno isolato, hanno circoscritto le nostre opportunità di relazione a luoghi come bar, palestre, discoteche, definiti di socializzazione controllata e manipolabile, dove tutti siamo stati clienti.

Il web ha aperto nuove possibilità e nuove piazze virtuali. Le persone si aggregano in base agli interessi e non è raro allacciare rapporti con tutto il mondo. I confini si sono sfumati e le informazioni circolano in maniera più capillare, da singolo a singolo.

Non è più possibile, quindi, tenere nascoste strategie o informazioni, pena la credibilità stessa dell'organizzazione.

Qual è la condizione etica dell'azienda italiana a oggi?

Partiamo da un dato vero. In base a parametri definiti, quali codici etici, i record di contenziosi e di infrazione dei regolamenti; gli investimenti nel campo dell'innovazione e le pratiche aziendali di business sostenibile; le attività mirate a migliorare la responsabilità sociale d'impresa; le opinioni di dirigenti, di professionisti appartenenti a settori industriali dello stesso settore, di fornitori e di clienti, c'è stata una sola azienda italiana che ha avuto la certificazione di *azienda etica:* ed è **illycaffè.**

Ecco le motivazioni ufficiali, riportate nel sito:

"L'approccio di fondo alla sostenibilità di illycaffè si basa su ***tre pilastri****, tutti finalizzati alla creazione e condivisione di valore:*

- ***Selezionare e lavorare direttamente con i migliori produttori di caffè Arabica****, sviluppando con loro un rapporto diretto, duraturo e reciprocamente proficuo che fornisca una formazione e contribuisca all'accrescimento delle conoscenze necessarie per la coltivazione della migliore qualità di caffè al mondo, attraverso l'impiego di pratiche che rispettino e portino beneficio agli ecosistemi locali.*
- ***Ricompensare i coltivatori per la produzione dei chicchi di migliore qualità, pagando loro un premio in contanti che garantisca sempre un profitto****. Da oltre 20 anni illycaffè acquista il cento per cento del proprio caffè verde con questo approccio, oltre ad essere stata pioniera in Brasile riguardo iniziative in questo ambito.*
- ***Garantire che i coltivatori e le loro comunità ottengano tutti i benefici sociali ed economici derivanti dalla loro produzione di caffè.***

illycaffe è la prima azienda ad avere ottenuto una

certificazione che attesta la ***sostenibilità dell'azienda*** *lungo tutta la filiera e mette al centro la creazione di valore per tutti gli stakeholder. La certificazione (Responsible Supply Chain Process) ricevuta da DNV Business Assurance, uno degli enti indipendenti di certificazione più importanti al mondo, ha valutato ogni aspetto della produzione in base a parametri molto rigidi e a indicatori della performance."*

Solo illycaffè è un'azienda etica in Italia. Solito problema culturale, verrebbe da dire. Le imprese italiane non sono ancora sociali, non hanno i diritti dei lavoratori come priorità. Non sono ancora così attente alla cura e all'attenzione verso la propria clientela.

SEGRETO n. 18: le aziende italiane non hanno ancora completamente implementato un modello etico come principio dell'organizzazione e della gestione.

Tuttavia, qualcosa si sta muovendo. E lo abbiamo visto nel caso –per esempio – delle banche, che hanno capito le tendenze del futuro.

È scontato dire che la responsabilità di diventare etici ricade su ognuno. Non è difficile, come abbiamo visto nelle pagine (mi auguro chiare e comprensibili) di questo ebook.

In senso sociale, c'è ancora tanto da costruire. Non siamo abituati ad assumere in prima persona un atteggiamento che non preveda l'egoismo *dell'homo oeconomicus*, che pensa solo alla massimizzazione del proprio benessere.

Ma ci sono forti spinte dal *basso*: network per la raccolta dei fondi (*crowdfunding*), per gli aiuti alle startup che dimostrino idee innovative; reti di scambi, di baratti, di solidarietà. Voci che le aziende non possono più ignorare, se vogliono continuare a fare impresa.

Esiste la classifica "Great place to work" nella quale i lavoratori sono chiamati a giudicare ufficialmente la propria azienda. I consulenti di Great Place to Work® misurano con accuratezza (quindi con strumenti scientifici e statisticamente validi) il livello di fiducia che caratterizza l'organizzazione, e al contempo individuano raccomandazioni specifiche per il miglioramento.

Le dimensioni di un'azienda non sono importanti: vengono create due liste, una per le aziende fino a 499 lavorati, l'altra per aziende da 500 lavoratori in su. E la classifica viene pubblicata ogni anno, con il benchmarking dell'azienda. Tra l'altro, vengono stilate classifiche nazionali, europee e internazionali.

La classifica è originata in gran parte dal giudizio delle persone che, compilando il questionario, assegnano alla loro azienda il titolo di Best Workplace. Il modello su cui si basa il questionario - e da cui discende il processo di valutazione - mette in evidenza come un ambiente di lavoro eccellente sia caratterizzato da tre relazioni fondamentali:

- una relazione di fiducia reciproca con il management aziendale,
- il rapporto di orgoglio per il proprio lavoro e per l'organizzazione di cui si fa parte
- la qualità dei rapporti con i colleghi.

Queste tre relazioni si sviluppano in 5 dimensioni: Credibilità, Rispetto ed Equità, misurano la fiducia dei dipendenti nei loro manager, mentre le altre due, Orgoglio e Cameratismo, mirano a valutare il rapporto dei dipendenti con il loro lavoro e la loro azienda, le loro sensazioni riguardo ad essi, e il divertimento nel luogo di lavoro con gli altri colleghi.

Perché i consumatori – una volta tali, adesso sempre più **consum-ATTORI** – pretendono a gran voce correttezza, umanità, veridicità, professionalità. Qualsiasi azienda che voglia continuare a fare business e qualsiasi professionista che voglia coltivare la propria clientela vanno incontro ad una sfida che è forse una delle più importanti dal dopoguerra a questa parte: adeguare le strategie al cliente e non il cliente alle strategie.

SEGRETO n. 19: esistono già alcuni parametri "ufficiali" con i quali i lavoratori giudicano l'eticità delle aziende: è il caso del Great Place to Work.

I 10 principi del marketing etico

In questa sezione esploriamo il Manifesto del Marketing Etico (MME), al quale ho già accennato nelle pagine precedenti.

Cos'è il MME? È un documento formale in 11 punti che definisce le regole di comportamento per qualsiasi professionista che lavori nel campo della comunicazione e che voglia certificare se stesso come professionista etico.

È una sorta di codice deontologico che detta le linee guida trasversali per essere riconosciuto come professionista etico.

I principi sono stati definiti da un comitato etico-scientifico che si occupa di vagliare le candidature, in base a curriculum e ad attività svolte nella carriera.
Non ci sono – a dire la verità – solo comunicatori all'interno degli aderenti. L'eticità riguarda davvero tutte le professioni, almeno per quanto riguarda il contatto con clienti o con altri professionisti. In effetti, c'è quasi sempre un aspetto di comunicazione in ogni professione.

Vediamo allora insieme tutti i principi del Manifesto.

1. Ogni professionista che si occupa di marketing, attraverso tutte le leve attuali del Marketing Mix, deve svolgere il proprio incarico attuando tutte le parametrizzazioni tecniche acquisite nell'arco dei propri studi e delle proprie esperienze. Altresì, deve parametrare

le proprie conoscenze e strategie nel pieno rispetto dell'etica riconosciuta universalmente, nei confronti del cliente e del mercato.

2. Ogni professionista che si occupa di Marketing deve impegnarsi a non indurre nell'inconscio e nel subconscio collettivo bisogni non primari che vengano percepiti come reali necessità da parte del mercato.

3. Ogni professionista che si occupa di Marketing deve riconoscere l'importanza delle proprie attività decisionali e strategiche, rispetto alla vita dei soggetti che da quelle scelte tecniche, economiche ed etiche possono essere interessate direttamente e indirettamente. Non vi possono essere scelte individualistiche laddove le responsabilità riguardano, direttamente o indirettamente, i bisogni sociali ed economici di una società di qualsivoglia dimensione e cultura.

4. Ogni professionista che si occupa di Marketing deve eliminare dalle proprie strategie e attuazioni elementi comunicativi mendaci.

5. Ogni professionista che si occupa di Marketing deve passare dalla semplice vendita di un servizio offerto al proprio cliente, alla vendita

di un risultato reale e non soltanto percepito, ottenuto attraverso quei fattori di eccellenza e di etica di cui sopra.

6. Ogni professionista che si occupa di Marketing deve, all'atto del bilancio tecnico di missione, fornire dati reali, non manipolati, riscontrabili attraverso altri mezzi di diffusione pubblica, privata, formale o informale.
7. Ogni professionista che si occupa di Marketing deve rendere i propri risultati reali, controllabili dal committente e dal mercato.

8. Ogni professionista che si occupa di Marketing, all'atto delle scelte strategiche in ambito di CSR e nella stesura dei bilanci sociali, deve fare scelte con incidenze reali e fornire dati reali e oggettivi.

9. Ogni professionista che si occupa di Marketing e che forma altri professionisti si deve impegnare a insegnare i principi etici che sono alla base di questo Manifesto ai propri allievi.

10. Ogni professionista che si occupa di Marketing deve comprendere che tutte le linee guida presenti in questo Manifesto devono essere applicate sia nei confronti dei singoli individui che dei gruppi di

persone.

11. Ogni professionista che si occupa di Marketing deve comprendere che non vi è alcuna limitazione tecnica, finanziaria ed economica all'interno di questo documento, ma solo la ferma volontà di portare la professione del Marketing ad un livello di eccellenza tale da poter portare profitto al cliente, senza manipolare i valori reali e percepiti del mercato, attraverso informazioni e comunicazioni mendaci, non chiare, non reali o non controllabili.

Questo Manifesto non limita in alcun modo le possibilità strategiche degli strateghi o degli altri professionisti del settore, ma pone parametri morali che si fondano sui principi etici universalmente riconosciuti.

Sono linee guida molto chiare, che possono essere scaricate direttamente dal sito del Manifesto del Marketing Etico. Sono sicura che chiunque già operi professionalmente in modo etico si riconoscerà in esse completamente. Come è successo a me.

SEGRETO n. 20: il Manifesto del Marketing Etico è un documento formale che definisce in maniera precisa le linee guida da seguire per chi voglia certificarsi in senso etico.

Contenuto aggiunto:
LA RIVELAZIONE – FILM DOCUMENTO

Dal MANIFESTO DEL MARKETING ETICO è nata un'esperienza che Macaluso e il suo staff hanno portato avanti nel 2013 e che uscirà ufficialmente nel 2014.

Si chiama *LA RIVELAZIONE – qualcuno ha creato i tuoi falsi bisogni* ed è considerata "la più imponente esperienza di infotainment e divulgazione scientifica indipendente prodotta in Europa."

Il link per la visione del teaser/trailer è http://www.youtube.com/watch?v=vZdu7DAsBEQ

Infotainment significa letteralmente "informazione + intrattenimento". Si tratta di uno stile comunicativo ancora nuovo in Italia che coniuga appunto la scientificità dell'informazione con una divulgazione approcciabile da chiunque, interattiva e dinamica.

Nel docu-film sono inseriti alcuni inserti video, che documentano il lungo viaggio che ha portato queste tematiche all'interno di università, fondazioni, associazioni, enti di formazione e nelle librerie, trasformando migliaia di persone da semplici spettatori a sostenitori attivi del progetto.

Emmanuele Macaluso svolge ormai da 2 anni una sorta di "tour" per condividere sul territorio, con il grande pubblico, i *trucchi sporchi del marketing*: messaggi subliminali, false malattie, tecniche di condizionamento, creazione di falsi bisogni, greenwashing e comunicazione mendace, sono termini che diventano familiari agli occhi del pubblico, mettendolo nelle condizioni di potersi difendere.

La locandina. Fonte: La rivelazione

LA RIVELAZIONE, secondo molti autorevoli osservatori e media, è l'esperienza di infotainment e divulgazione scientifica indipendente più imponente mai prodotta in Europa.

Una sfida che ha messo insieme alcuni tra i migliori professionisti nel campo del marketing, della comunicazione, della psicologia e della cinematografia indipendente italiana. Vediamo alcune statistiche del progetto, la cui comunicazione è stata svolta completamente a costo zero.

Statistiche generali del progetto

90 persone di troupe direttamente coinvolte nel progetto
21 partners

6 Media Partners

610 giorni di pre-produzione

62 articoli giornalistici dedicati al progetto

3 speciali radiofonici dedicati al docu-film

Statistiche generali social

Data di apertura dell'account facebook 11/02/2013

2.652 "Mi piace" sulla pagina ufficiale del docu-film su facebook

Statistiche lancio del teaser / trailer e del sito web ufficiale -

Periodo preso in considerazione (14/11/2013 - 18/11/2013) - primo weekend

Statistiche sito web

1.022 visitatori unici nel primo weekend on-line (dal 14 al 18/11/2013)

(*fonte: ShinyStat*)

Statistiche visualizzazioni teaser / trailer

1.084 visualizzazioni nelle prime 24 ore

3.148 visualizzazioni nel primo weekend

(*fonte: Youtube.com*)

Statistiche social Facebook

429 "Mi Piace" in più rispetto al dato di partenza (2.150 dato aggiornato al 4/11/2013) - da 2.150 a 2.579

193 "Mi Piace" diretti ai post di lancio del teaser / trailer dalla pagina ufficiale facebook del progetto

236 condivisioni dirette del post di lancio del teaser / trailer dalla pagina ufficiale facebook del docu-film

(*fonte: insight Facebook.com*)

Statistiche media e stampa

12 articoli giornalistici dedicati al progetto (rassegna stampa disponibile nella sezione "press" di questo sito)

1 speciale radiofonico - "Fuori la Verità" (RadioFlash 97.6 FM)

(Tutti i dati e le statistiche presenti in questa sezione sono aggiornati al 01/12/2013)

RIEPILOGO DEL CAPITOLO 3:

- SEGRETO n. 14: Tu (azienda) e il tuo cliente siete partner e tra voi c'è un rapporto di parità e di collaborazione.
- SEGRETO n. 15: La chiarezza genera senso di fiducia. Aiuta a istituire la partnership perché dimostra che non ci sono muri né atteggiamenti nascosti, "fregature".
- SEGRETO n. 16: Fornisci dati reali, verificabili. Dai assistenza costante.
- SEGRETO n. 17: L'umiltà al punto giusto da essere sempre al servizio, a livello paritario, è garanzia di qualità e crea fiducia.
- SEGRETO n. 18: Le aziende italiane non hanno ancora completamente implementato un modello etico come principio dell'organizzazione e della gestione.
- SEGRETO n. 19: Esistono già alcuni parametri "ufficiali" con i quali i lavoratori giudicano l'eticità delle aziende: è il caso del Great Place to Work.
- SEGRETO n. 20: Il Manifesto del Marketing Etico è un documento formale che definisce in maniera precisa le linee guida da seguire per chi voglia certificarsi in senso etico.

CONCLUSIONE

La mia conclusione non vuole essere una conclusione. Anzi. La sfida nasce adesso. Vorrei che questo ebook rappresentasse un passo verso la presa di coscienza che il mondo sta rapidamente cambiando. C'è da cambiare una cultura. Ma tanti sono i movimenti spontanei che stanno indicando la direzione da prendere. I professionisti devono adeguarsi e le aziende devono effettuare rapidamente il passaggio al Marketing 3.0 per sopravvivere in un mercato in cambiamento.

Occorre attuare strategie sempre più social e interattive, che permettano all'azienda stessa di diventare un punto di riferimento competente ed affidabile per i suoi clienti. Occorre dare la comunicazione a professionisti che non si sentano dei "guru", ma che mettano a disposizione le loro competenze e le loro conoscenze per costruire relazioni di fiducia. Occorre partire prima di tutto da se stessi e dal proprio modo di comunicare.

Ho voluto fornire alcuni spunti proprio con l'obiettivo di portare l'etica nella quotidianità e far capire che comunicare con correttezza e con rispetto è fondamentale per creare nuove possibilità in questo momento di incertezza. Si parla tanto di crisi. Voglio ricordare un pensiero bellissimo di Albert Einstein, proprio sulla crisi e le sue opportunità.

«*Non pretendiamo che le cose cambino, se continuiamo a fare le stesse cose. La crisi può essere una grande benedizione per le persone e le nazioni, perché la crisi porta progressi.*

La creatività nasce dall'angoscia come il giorno nasce dalla notte oscura. È nella crisi che sorge l'inventiva, le scoperte e le grandi strategie.

Chi supera la crisi supera se stesso senza essere superato.

Chi attribuisce alla crisi i suoi fallimenti e disagi, inibisce il proprio talento e dà più valore ai problemi che alle soluzioni. La vera crisi è l'incompetenza. Il più grande inconveniente delle persone e delle nazioni è la pigrizia nel cercare soluzioni e vie di uscita ai propri problemi.

Senza crisi non ci sono sfide, senza sfide la vita è una routine, una lenta agonia.

Senza crisi non c'è merito. È nella crisi che emerge il meglio di ognuno, perché senza crisi tutti i venti sono solo lievi brezze.

Parlare di crisi significa incrementarla, e tacere nella crisi è esaltare il conformismo. Invece, lavoriamo duro.

Finiamola una volta per tutte con l'unica crisi pericolosa, che è la tragedia di non voler lottare per superarla».

Senza crisi non ci sono sfide. Trova la tua sfida personale. Sei pronto a cambiare?

www.ingramcontent.com/pod-product-compliance
Ingram Content Group UK Ltd.
Pitfield, Milton Keynes, MK11 3LW, UK
UKHW022011190726
13853UKWH00004B/1884

9 788861 746657